Gewidmet allen Mädchen und Jungen dieser Welt
sowie Ignasi Blanch.

Unser Dank gilt
Bea für ihre Großzügigkeit;
den geflohenen Sardinen;
Pep und Rosa, unseren ersten Leser*innen;
und allen, die uns unterstützt haben.
Und natürlich Patric, der bei allem mitspielte.

Dieses Buch wurde von zwölf Frauen  gestaltet, die daran glauben, dass man mit kollaborativer Arbeit die Welt verändern kann. Alle Illustrationen wurden von Hand gemalt, ausgeschnitten und eingepasst. Das Kollektiv Rosa Sardina besteht aus: Elena Val, Teresa Guilleumes Morell, Sonia Estela Guerra, Cristina Sabaté, Belén Loza, Alba Ginesta Ferrer, Maria Josep Figueroa Naqui, Imma Palahí, Natsumi Noma, Lydia Garrido Lafuente, Raquel SanSan und Leocadia Casamitjana.

Alibri
Alibri Verlag GmbH
www.alibri.de

Erste Auflage 2020
Copyright by Alibri Verlag, Postfach 100 361, 63703 Aschaffenburg

Aus dem Katalanischen übersetzt von Mona Steigerwald

Titel der Originalausgabe: Lota la catxalota
Copyright 2019 by Takatuka SL, Barcelona

Druck und Verarbeitung: Novoprint, Sant Andreu de la Barca
Umschlag: Claus Sterneck
Titelgraphik: Kollektiv Rosa Sardina

ISBN 978-3-86569-330-3

KOLLEKTIV ROSA SARDINA
ROSER RIMBAU

LOTA
UND DER MÜLL

Tag für Tag, Welle für Welle
wurde das Meer immer schmutziger.
Lota, der kleine Pottwal, war sehr verwundert.
Was machte DAS ALLES in ihrem Zuhause?
Woher kam das alles?

Vielleicht hatte ihr Freund, die Krabbe, eine Antwort.
Aber ihn zu finden, dauerte eine ganze Weile.
„Bist du das, Malacu? Mit dem Hut hätte ich dich fast nicht erkannt."
„Schnipp-schnapp!", antwortete er.
„Ich konnte dich auch nicht sehen, Lota.
Plötzlich war es ganz dunkel!"

Einen Tag und viele Wellen später, trafen sie auf einen Kormoran, der in der Klemme steckte.

Knipp-knapp, machte Lota mit ihren Zähnen.
Schnipp-schnapp, machte Malacu mit seinen Scheren.
Zu zweit befreiten sie den Pechvogel.

Als der Kormoran erfuhr, was sie suchten, schloss er sich der Expedition an.
„Folgt mir!", sagte er. „Um herauszufinden, wer das Meer verschmutzt, streckt man am besten den Kopf aus dem Wasser."

Gesagt, getan. Aber was sie da sahen, gefiel ihnen ganz und gar nicht.

Da hatte Lota einen Geistesblitz. Mit einem heftigen Schlag ihrer Schwanzflosse, plitsch-**platsch**, schlug sie zwei Fliegen mit einer Klappe: Der Müll flog in hohem Bogen und alle Leute an Bord bekamen eine salzige Dusche ab.
„Haha, sie sind klatschnass", lachte Sumi, die Tochter des Kapitäns.

Doch was, wenn das Schiff sie zu Antworten auf ihre Fragen führen würde? Sie folgten ihm und mit einem Sprung

¡FIIUUUUU...

...PARDAUZ!
landeten sie am Kai.
Sumi erkannte sie sofort
wieder und rannte herbei,
um sie zu begrüßen.

Nachdem das Mädchen ihre Geschichte gehört hatte, schloss es sich der Expedition an.

„Warte Lota, zieh das an! Wenn du dich nicht verkleidest, machen sie Fischstäbchen aus dir!", warnte Sumi.

„Schnipp-schnapp, jetzt sind wir startklar", fügte Malacu hinzu.

„Lota, die Detektivin, ist bereit zum Ermitteln."

Das erste, was sie herausfanden war, dass der Müll im Meer so ähnlich aussah wie die Verpackungen an Land.

„Schaut mal!", schrie Sumi. „Tetrapacks, Dosen, Styroporschalen, Tüten und Plastikflaschen…"
„Schnipp-schnapp! Ich wette eine Sardine, dass das Essen auch in Plastik verpackt ist!", rief Malacu.

Überall war Plastik: um das Essen und die Getränken herum, als Verpackungen, in den Luftballons und Spielsachen.

Wie war das nur möglich?

„Mir nach!", rief der Vogel. „Manchmal sieht man die Dinge von oben klarer."

"Auweia!", jammerte das Mädchen, „Es sieht ganz so aus, als hätten sich die Menschen ganz schön im Plastik verwickelt."

Lota beschloss zu handeln:
„Ich habe herhaUUUsgefoOUUUnden woOUUUher der ganze MÜÜÜll kommt!"
„Lota, was ist denn mit dir los?", fragte Sumi und lachte sich kaputt.
„Ich spreche Walisch. Ich bitte meine Freunde um Hilfe. Ich habe nämlich einen Plan!"

Im Meer arbeiteten alle Flosse in Flosse, sogar die, die keine hatten!
Wenn einer auf eine Sandale stieß, fand ein anderer einen Schraubverschluss.
Der Delfin schleppte einen Reifen heran, die Schildkröte eine Flasche.
Der Tintenfisch hob ein Wattestäbchen auf, der Schwertisch eine Bürste.

Sie arbeiteten zusammen und ohne Angst voreinander. Der Wal half der Qualle, die Muschel half dem Seestern.

Der Hai hatte den Tintenfisch im Auge und dachte: „Heute nicht, wir haben schließlich noch etwas zu tun! Aber wenn ich ihn morgen erwische, lasse ich ihn mir schmecken!"

Endlich war kein Müll mehr im Wasser.
Lotas Plan hatte funktioniert.
„Vielen Dank, Sumi!"
„Ich danke euch, Freunde!"
„Schnipp-schnapp, komm näher, damit ich dich ein bisschen kneifen kann!", lachte Malacu.

Zufrieden gingen alle nach Hause.

„Werden wir sie wiedersehen, Papa?"
„Das wäre nett, aber hoffentlich im Meer", antwortete er.
„Sumi, wir haben noch viel Arbeit vor uns. Das Meer ist nun zwar sauber, aber jetzt müssen wir noch an Land aufräumen."

„Papa", sagte das Mädchen, nachdem es eine Weile nachgedacht hatte.
„Und was wäre, wenn wir lernen würden, nicht mehr soviel Müll zu machen?"